田舎坊主の求不得苦

森田良恒
Morita Yoshitsune

文芸社

はじめに

仏教における「正しい実践」とは「八正道《はっしょうどう》」と呼ばれるもの、正しいものの見方・考え方・おこない・努力・言葉遣い・生活・意識・精神統一です。

そして、「苦」の原因とは「ものごとに対する執着」であるとされている。

その「執着」を取り除くことによって解放される苦しみが、いわゆる「四苦《しく》八苦《はっく》」だ。生《しょう》・老《ろう》・病《びょう》・死《し》の四苦と愛別離苦《あいべつりく》（別れの苦しみ）・怨憎会苦《おんぞうえく》（いやな者とも付き合わなければならない苦しみ）・求不得苦《ぐふとくく》（求めても得られない苦しみ）・五蘊盛苦《ごうんじょうく》（心身が盛んなゆえの苦しみ）の四苦を合わせて「四苦八苦」と言い、一般に、人間が生きていく上での苦しみ、難儀することが多い場合によく使われる。

この四苦八苦のうち、「求不得苦」はもっとも人間の空《むな》しさを表しているような気がする。

「求めても得られない苦しみ」とは、欲しい欲しいと思ってもなかなか思うように手に入れられない、心の葛藤のことなのだろうか。

＊

子どものころ、オモチャを買い与えられ、小学校に上がれば自転車を買ってもらい、高校生になればバイクを買ってもらい、大学生にもなればアルバイト料を貯め、中古の軽四輪を買い、働き始めてしばらくすればローンを組んだりしてそれより大きな車を買う。愛しい恋人ができ結婚し、またまたローンを組んでマイホームを手に入れ、やがて可愛い子どもが生まれ……と、人はこういうことに「幸せ」を感じるのだろう。


そのときどき、欲しいものを手に入れてきたような気がする。

人は好みのものを手に持ち、身の回りに置くために働くということなのだ。

しかし、若くても老いていてもいい、人生の折々に、あなたが初めて手に入れた品々は、今でもあなたのそばにあるだろうか?

そして、それらを手に入れた喜びは今もあり、それらを大切にしているだろうか?

ともすれば、物置の中にも残っていないのでは……。

＊

物も人も心も移ろいやすいものだ。

「移ろい」は「空《うつ》ろい」でもある。

本来、仏教とは「空《くう》」なるもののために生きていることに気付きなさい、との教えなのだと思う。

ましてや、人は必ず死ぬのだ。そんなことは誰でもわかっている。

無常の風が吹けば、今まで「自分のもの」と思っていたものも否応なく、「この世」というところに置いていかなければならない。

もちろん、この「自分」も「空《うつ》ろ」なのである。

こう考えてみると、「求不得苦」とは、自分が手に入れたときの喜びを「他」にも与えてそれを喜びとする、いわば執着しない生き方の戒めでもあり、捨てる方法としての「布施《ふせ》」が大切な生き方なのだという「仏教の教え」の具象化したものではないかと思うのだ。

目次

■人の一生

人は生まれ、保護者の愛情を一身に受けて育っていく。

最初は這えば立て、立てば歩め、と可愛がられ、そのうち保育園や幼稚園に入って初めて共同社会生活の仲間入りをする。やがて小学校に上がると、先生から多くの知力、体力を授けられ、中学校、高等学校へと進学する。

そして、いよいよ社会人として生きていくため、未来を見通して、人によっては大学の道を選び、ひたすら勉学に努める。学を修め、就職活動の末、大学卒業とともに自ら職種を選び、生活を支える仕事に就いていく。

そのころになれば、着るものは学生服からスーツへと変わり、休日にはおしゃれな洋服を着たり、好みの持ち物を身につけ、自家用車を手にする人もいる。やがて結婚し、家庭を持ち、子どもにも恵まれ、ローンなどで新築のマイホームを手に入れる人もいるだろう。

そんな働き盛りを過ぎ、子どもも自立すれば、孫と遊ぶことが何よりの楽しみとなる。

その孫も成長すれば、老夫婦は終《つい》の棲家《すみか》を考え始めるのだ。

*

人は人生において、どれだけの喜怒哀楽を経験するのだろうか。

共同生活になじめず、ぐずって泣いてお腹《なか》まで痛くなって、ときにはなだめすかされ、しかられ、励まされた子どものころ。

先生のお話についていけなかった授業、いくらがんばってもかけっこで負け続けた小学生のころ。

初恋にやぶれ、授業が頭に入らず、部活に明け暮れた中学生のころ。

進路が決まらず、ただ闇雲にアルバイトと受験勉強に明け暮れた高校生のころ。

将来の姿が描けず、単位を取るためだけに講義に出ていた大学生のころ。

いざ職に就いても、「こんなはずじゃなかった」と先輩や上司の顔色をうかがいながらのサラリーマン生活。

そして、結婚が決まり、新居も手に入れ、ローン返済のために必死で働く。子どももできればなおさら、家族を守るため、責任も重くなってくる。子どもは大きくなって受験ともなれば、その費用も必要になってくる。

そのうえ、子どもが親からどんどん離れていくような気がして、一抹の寂しさも、空しさも感じる熟年期へと入ってくる。

子どもが独立していくころには、ようやく夫婦二人の生活に戻っても、以前想像していたような旅行や趣味を楽しむ体力がなくなっていたりする。

体は病気がちになり、病院通いの時間の方が多くなる。大病を患うこともある。事故に遭って大けがをすることもありうる。家族を失うことも……。

あまたの苦しみや哀しみ――。しかしその反面、言葉に尽くせない大きな喜びや幸せを味わうこともある。

それが人の一生なんだと思う。

■お布施は生活の糧

私は男兄弟三人の末っ子として寺に生まれた。

物心が付いたころ、住職である父親が持ち帰るお布施を開けるのが楽しみだった。とくにお盆の棚経《たなぎょう》のときは頭陀袋《ずだぶくろ》いっぱいに入ったお布施の包みを嬉々として開けていた。

今考えると、なんと硬貨が多かったことか。

最高額は五百円札（当時はまだ硬貨ではなかった）で、そのほかは五十円玉や十円玉がほとんどを占めていた。

父は役場勤めとの二足のわらじだったのだが、なるほど、これでは寺の収入だけで三人の男の子を育てることはできなかっただろう。

ちなみに今でも、お盆にこの田舎寺で行われる施餓鬼《せがき》供養のお布施には、十円玉五個をセロハンテープで一列に並べて貼り付けたものが半紙に包まれている場合も少なくない。ほかの硬貨の場合でも同様で、中身が偏らず、包みからこぼれないようにしてくれているのだが、テープをはがすのが大変なのである。

正直に言ってしまうと、そろそろ硬貨から紙幣にグレードアップしてもらいたいと思っているが……。

それにしても当時、多量の硬貨のお布施は、田舎の山坂道を歩きながら檀家《だんか》まわりする父には、さぞかし重かったに違いない。

当時は、子どもの私はそんなことも考えず、この硬貨によって、駄賃としてだが、十円玉や五十円玉のお小遣いをもらえるのが嬉しかった。

母はそんな私たちに、

「このお布施のおかげで生活できるんやで」

とたびたび諭し聞かせた。


お寺はお布施で生活し、このお布施は、檀家さんがお墓参りや法事の代価として参ってくれた坊さんに支払うものだと、子どものころは考えていた。というより、恥ずかしながら、坊主を生業とするようになっても、しばらくの間は正直そう考えていた。そして、お布施はいただくものであり、お布施する立場には一生ならないと考えていた。

*

かつて何度かインドに旅行したとき、現地の子どもたちに、

「バクシーシ！　バクシーシ！（喜捨《きしゃ》せよ！　喜捨せよ！）」

と言われ、まとわりつかれる経験をした。

「有る者が無い者に寄付する」ということは、「自分のもの」という執着を離れ、喜んで捨てていくという「ものの再分配」であり、相手に「得る喜び」を分け与え、得た者は捨てた人の「心の温かさ」に触れるのだ、と気付くまでにずいぶん年月を要したように思う。


人は自分の好みのものであっても、それがたくさんあれば、言い換えれば、多く「そんざい（存在）」すれば、往々にして粗末な扱いをしてしまう。

その行為こそ「ぞんざい（存在）」であり、もののありがたさも、得た喜び

も、感謝も、おかげも、忘れてしまっている。

そんな新鮮なありがたさや感謝を得るためにも、「捨てる」ことを実践し、「無《む》」「空《くう》」になることを教えてくれているのが『般若心経《はんにゃしんぎょう》』ではないだろうか。

■仏の知恵

『般若心経』二百六十二文字の中に「無」「空」「不」という文字は三十六文字含まれている。

これらの文字はネガティブ、言わば否定的で、後ろ向きなものばかりである。決して、夢や希望や楽しみというものを表しているとは思えない。

『般若心経』の冒頭を現代語で訳すると、

「観自在菩薩《かんじざいぼさつ》は、物質も精神も含め、この世のすべてのものは『空《くう》』であると観《み》て、あらゆる悩みや苦しみを超越された」
と書かれている。さらに、
「得られるものがないので、すべてのものにこだわりがないのです」
と続いているのである。

私たちが「自分のもの」と思っているものを失ったとき、悲しみや悔しさが生まれる。

しかし、『般若心経』では、「自分のもの」は本来、自分のものでもなく、さらにそれ自体、「空《くう》」であり、「無」であるというのだ。

そのように観念《かんねん》する（心からそう思う）ことによって、「苦」を乗り越えられると書かれているのだ。

たしかに何もないときにこそ、もののありがたみがわかるし、なくして初めて、そのものの価値がわかるときがある。

＊

私が大学を卒業して坊主になることを覚悟したとき、あることをしてからでないと法衣を着て法事などには行けないと考えていた。

それは断食《だんじき》である。

なぜ断食かというと、私はほんとうの空腹やひもじさというものを感じたことがなかったからだ。たしかに小坊主時代にはご馳走と呼べるものは食べられなかったが、それでも白いご飯だけはタップリあったので、おかずはなくても空腹になることはなかった。そのためか、むしろ、そのころの方が太っていたほどだ。

ところがその当時、法事に来る大人の人たちは、戦中戦後の食糧難の時代を乗り越えた人ばかりだった。

小学校の校庭にまでサツマイモを植え、それを主食とし、しかしイモだけでは足らず、イモの蔓まで食料にしたという時代だ。

若造の私がそんなひもじくつらい時代を生きてきた人たちよりも上座に座り、偉そうに法事を勤めることはできないと思った。

せめて、ほんとうの空腹だけは経験しておこうと思った。

決心して行ったところが信貴山《しぎさん》断食道場だ。

ほとんどの人が内臓の調子を整える目的のために来ていた。

その道場での最長の断食期間は一ヶ月。そのうち、本断食と呼ばれる絶食期間は一週間と決まっている。

しかし私は、どんなことが起こっても自分が責任をとるということで、無理にお願いし、二週間の本断食とさせてもらうことにした。

はじめの一週間は減食期間、次の二週間が本断食、残りの一週間が復食期間と決まった。


本断食中には、天然木の天上板がまるで精肉を並べたように見えるほど、空腹にさいなまれた。

そしていよいよ本断食が終わり、減食開始から二十二日目に復食が始まり、久しぶりに食べ物を口にすることができる日が来た。

食べ物といっても一日二杯のおも湯である。

ところが、そのおも湯の、美味しいこと！　美味しいこと！

おも湯はただのお粥の汁なのに、美味しいこと！　美味しいこと！

涙が出るほど――。

このときに思った。

空っぽだったからこそ、ただのおも湯に豊かで深い味わいを感じることができたのだ、と。

「空《くう》」や「無」こそ、ほんとうの価値や感謝、ありがたさを感じることができるのだ、と。

*

『般若心経』は、単なる、お唱えする「お経」ではなく、学んだうえで「実践するお経」と言えるのかも知れない。

どんな災難や苦難が襲ってきて「無」になっても、それで命を奪われてしまわない限り、私たちはそれを乗り越えて生きていかなければならない。

そして、そのときになって初めて、ほんとうの価値や感謝、ありがたさを発見するのかも知れない。

二百六十二文字中、三十六文字もの「無」や「空」や「不」は、森羅万象すべてのものの本来の価値を悟らせるために、『般若心経』が仏の知恵として説いていることなのではないだろうか。

■諸法は空相

『般若心経』には、

諸《しょ》法《ほう》空《くう》相《そう》

不《ふ》生《しょう》不《ふ》滅《めつ》

不《ふ》垢《く》不《ふ》浄《じょう》

不《ふ》増《ぞう》不《ふ》減《げん》

という箇所がある。

大意は、

「すべての存在は『空《くう》』なのです。すべての存在には実体がないということです。ですから、生滅もなく、浄不浄もなく、また増減もないのです」

わかりやすくいえば、

「生滅がないということは、生じることも滅することもなく、それは変化している現象に過ぎない。浄《きよ》いとか不浄というのは人が勝手に判断して思い込んでいること。増えたり減ったりするのも、『水』と『氷』と『水蒸気』の関係のように、ただ姿を変えているに過ぎないのだ」

さらに、すべては「空《くう》」なのだから、

是《ぜ》故《こ》空《くう》中《ちゅう》

無《む》色《しき》無《む》受《じゅ》想《そう》行《ぎょう》識《しき》

無《む》眼《げん》耳《に》鼻《び》舌《ぜっ》身《しん》意《に》

無《む》色《しき》声《しょう》香《こう》味《み》触《そく》法《ほう》

無《む》眼《げん》界《かい》乃《ない》至《し》無《む》意《い》識《しき》界《かい》

と経中で解説している。

大意は、

「これゆえに、空《くう》の中には色なく、受想行識なく、眼耳鼻舌身意もなく、色声香味触法もないのです。眼界もなく、および意識界もないのです」

要するに、

「したがって実体がないのだから、『色受想行識』という物質的存在も精神作用もなく、『眼耳鼻舌身意（六根《ろっこん》）』という感覚器官もなければ、『色声香味触法（六境《ろっきょう》）』という対象世界もない。そして、感覚器官とその対象との接触によって生じる『眼識界《げんしきかい》、耳識界《にしきかい》、鼻識界《びしきかい》、舌識界《ぜっしきかい》、身識界《しんしきかい》、意識界《いしきかい》（六識《ろくしき》）』と呼ばれる認識もない」

もっとわかりやすく言い換えれば、

「人は好ましいモノは取り入れ、いやなことは避け、個人の判断で多くの情報を取捨選択している」

というのだ。

*

『老子』十二章においても次のようなことが書かれている。

五色《ごしき》は人の目をして盲《もう》ならしむ。
五音《ごいん》は人の耳をして聾《ろう》ならしむ。

五味《ごみ》は人の口をして爽《たが》わしむ。
馳騁畋猟《ちていでんりょう》は、人の心をして狂《きょう》を発せしむ。
得難きの貨は、人の行ないをして妨げしむ。
ここをもって聖人は腹を為《な》して目を為さず。
故に彼れを去りて此れを取る。

わかりやすくいえば、

「さまざまな色や音は人の目や耳をくらませ、美味しいものばかり食べていると人の味覚は鈍くなる。ギャンブルなどのように成果ばかりを追って猟のようなことをしていると心まで狂ってしまう。貴重で高貨なものは人の行動を誤らせる。だから、正しく悟った人は見た目や外面ではなく、内面的な充足を求めて行動するのだ」

＊

さらに、和歌山県湯浅《ゆあさ》町生まれで華厳《けごん》宗中興の祖、明恵上人《みょうえしょうにん》の『明恵上人伝記』には、

髪を剃れる頭も其の験《しるし》とするに足らず。
法衣を着せる姿も其の甲斐更になし。
この心押さえ難きによりて、弥《いよいよ》形をやつして人間を辞し、
志を堅くして如来の跡を踏まんことを思う。
然るに眼をくじらば聖教を見ざる歎きあり。
鼻を切らば即ちすす鼻垂りて聖教を汚さん。
手を切らば印を結ばんに煩いあらん。

耳を切るといえども聞こえざるべきに非ず。
然れども五根の欠けたるに似たり。
去れども片輪者にならずば、
なおも人の崇敬にばかされて思わざる外に
心弱き身なれば出世もしつべし。

つまり、

「たとえ髪を剃り、法衣を着ていても、そのことで悟れる坊主かというとそうではない。

そのように思い込んでくると、ますます姿を人間らしさから離れ、仏道に専念し、お釈迦さまのあとを歩みたいと思う。

だからといって、目をつぶしてしまってはお経が読めなくなる。

鼻を削いでしまったら常に鼻水が落ちて尊い経典を汚してしまう。手がなくなれば印を結べなくなってしまう。

しかし、耳を切り取っても音が聞こえないわけではない。五根の一つを欠いたようにはなるが、そうならなくては、やはり人から受ける尊敬のためにごまかされて、心の弱い男であるから世間的な出世を望んでしまうかも知れない」

『般若心経』が説いている「諸法空相《しょほうくうそう》」のように、老子にしても明恵上人にしても、本来、「空《くう》」であるにもかかわらず、私たちの心のありようや置かれた状況によって、そのものになんらかの意味を持たせ、さまざまな価値判断を加えているのはまさに個人の心そのものなのだろう。

■ 努力の成果

子どものころ、努力すれば必ず報われると教わった。願いをかなえるには努力するしかないのだとも言われた。

とくに学校の先生からよく言われた覚えがある。スポーツでも勉強でも努力しなければ上手にはなれないし、学力もつかない。

スポーツ選手になる夢を持っているなら、なおさらのことだ。

有名大学に入って国家公務員や医師などの職業を手にするためにはなおさらのことだ。

しかし、果たして努力に努力を重ね、抱いた夢一筋に歩み、その成果を得られる人はどれだけいるのだろうか。むしろ、その途中で挫折したり、進路を変更せざるを得なくなって、当初の夢とはまったく違った人生を送っているという人の方が多いのではないのだろうか。

*

私の妻は学生時代にはバレーボールに情熱を注ぎ、社会人になってからは当時、女性としてはまだ少なかったゴルフに趣味を見出し、週末はコースに出て仲間と楽しんでいた。また若いころに日本舞踊を習得し、名取《なとり》として大きな舞台に立ったこともある。さらにご詠歌《えいか》舞踊や茶道、三味線もたしなんだ。時間に余裕ができれば、家で教室を開きながら外国旅行などで視野を広めたいという将来の夢を持っていた。

しかし、五十三歳のころから体調を崩し、大学病院で診察を受けた結果、パーキンソン病と診断された。

だんだん病状が進むとともに、若いころに考えていた踊りも旅行も、ましてやゴルフもできなくなってきた。

当初、妻は、

「病気で何もかも取り上げられてしまった」

と嘆いていた。

しかし、今、同じ病気を持つ人たちと交流し、

「簡単な踊りを教えてね」

と言われ、仲間たちのため、自分のリハビリもかねておけいこの日々を送っている。

今から二十五年前、私がある進学校で非常勤講師を務めていたとき、ある学年での授業を読み聞かせにしようと決めた。

そのときの本は星野富弘《ほしのとみひろ》さんの『愛、深き淵より。』（立風書房）だった。

星野さんはスポーツマンで体育の教師を夢見て努力を重ね、大学卒業後、念願の体育教師として中学校に赴任して二ヶ月後、大好きな体育の授業で生徒に手本を見せるために跳んだ跳び箱から落下。頸椎を損傷して手足をまったく動かせなくなってしまったのだ。

＊

やがて、口で筆をくわえて絵と詩を描くようになり、その絵と詩は多くの人に感動を与え勇気づけ、今ではそれらの作品をおさめた富弘美術館に来場者の足が途切れることはないという。

わが家にもどこからか、毎年末に星野富弘さんのカレンダーが届けられる。

＊

人生は多かれ少なかれ、うまくいかないものだと思っておいてまちがいはない。

それにしても人は人生において、どれだけの努力をするのだろう。

「はじめに」でも書いたように、それは何かを得るための活動としての努力ではないのだろうか？

職業であったり、家庭であったり、マイホームであったり、愛する人であったり、身を飾るものであったり……。

そしてそれを「しあわせ」と思いながら。

しかし、人生、そのときどきに努力した成果は、ほんとうは職業や家庭やマイホームや愛する人や身を飾るものではなく、人がそれらすべてを失ってしまったとき、どのような心を持ち、どのような行動をおこし、どのように生きていくのか、その強さを鍛えたのかどうか、ということではないだろうか。

もちろん、人生において、すべてを失ってしまうような大災害や事故に遭遇しないに越したことは言うまでもないが……。

人が生きていくということは、何かを得るために努力と失敗を何度も繰り返しながら、予期せぬことで「無」になったときに生きていくための「心の強さ」を鍛える練習をしているように思う。

言い換えれば、私たちの努力で得るべきものはこの「精神的な成果」だけなのだと、大災害の現状を見るたび感じるのである。

そして、「無になったときに生きていく心の強さ」という成果は、やがてその人の次の代に引き継がれる。

それは心の持ち方や生き方やたくましさを手本とし、その強さとがんばりのおかげで、遺された者が平和な日々を送ることができていることに感謝し、自分もまたそんな生き方ができるように努力していくということである。

このように世代を超えて、いきいきと輝いていくものこそ、努力の成果なのではないだろうか。

■銭の亡者の最期

こんな笑い話がある。

ある男性の人生は「金、銭、カネ、ゼニ」の一生だった。

若くして大金持ちになることを望み、ただただ金儲けのために必死に働き続けた。

ついには周囲の人々から「銭の亡者」「あの人はカネしか頭にない」などと言われるようになってしまった。

しかし、この銭の亡者も寄る年波には勝てず、自分が動けなくなってきたころに、儲けたお金も、手に入れた高価な品々も、すべてこの世に残していかなければならないことに気付いたのだ。

何一つとして手に握りしめていくことができないことにやっと気付いたのだ。

そこで家族を、

「最期に、銭の亡者と呼ばれたわしにも、みんなに伝えたいことがある」

と言って集め、こう言い遺した。

「わしが死んだら、棺の両脇には手が出るような穴を開けてくれ。そこからわしの手を出してくれ。そうしてみんなに伝えたいのじゃ。わしは銭の亡者とまで呼ばれたが、これこのとおり、何も手にしないであの世に行く。生きているうちに、人に喜ばれるようなカネの使い方をしてほしいのじゃ。元気なころ、これに気付いて、人のために使っておればよかった。みんなにしっかりと見てもらってくれ。何一つ手にしていないことを……」

葬式の日、約束どおり、棺箱の両脇に穴を開け、手を出した姿でみんなとお別れとなった。

会葬に参列した人たちに、棺から両手が出た異様な姿を見てもらった。

遺族は、

「お父さんはみんなに銭の亡者と言われたけれど、あの世に何も持っていけないことをこうして見てもらって、生きているうちに大事な使い方をするようにみんなに伝えたかったそうです」

と、父の遺言を伝えた。

果たして、参列し別れを告げた人たちは、故人の遺言どおり受け取ってくれたのだろうか？

残念ながら、お別れをした人たちから話された言葉は……、

「銭の亡者だけあって、死んでもまだカネが欲しいようで、棺から手を出していたなあ」

＊

いくら最期に悟った真理であっても、素直に受け取ってもらえないのは寂しいことだ。

その原因はいったい何なのか。

言うまでもなく、それは彼の人生そのものが、「捨てる人ではない」生き方だったからだろう。

笑い話とはいえ、「生き方」こそ大切だという戒めでもある。

自分ががんばって一生懸命必死に働いて得たものはすべて「自分のもの」と誰もが思っているが、結局、それも「空《くう》」なるものなのだ。

しかし、「空《くう》」なるものとはいえ、お金はなかなか「捨てる」ことはできない。

＊

でもよくよく考えてみると、人は人生において、ときどき、「捨てる」練習をしているのではないだろうか。

それは寺や神社での「さい銭《せん》」だ。

寺や神社に投げ入れるさい銭は、決められた金額でもなければ価格表もない。人に強要されたものでもない。

願いを込め、感謝の心を込め、それまでは「自分のもの」であったお金に対する執着を離れ、「捨てる」ことを練習していることにほかならないのだ。

しかも「捨てる」のだから、ゴミ出しをしたゴミの原価を考えないように、本来、「いくら」捨てたのかさえ忘れてしまう必要がある。

ところがそれでも、

「おい、神さんか仏さんよ。いつもなら百円のところ、今日は太っ腹で千円もさい銭入れたぞぉ。しっかりご利益くれよぉ！」

と、捨てたものの額にこだわり、捨てながら欲深いことをついつい叫んでしまうものだ。

私を含め凡人は、「自分のもの」となかなか執着を断つことはできないのだ。

だからこそ、人生の折々に「捨てる」練習を続けないと、なかなか上手に捨てられない。

ましてや、「喜んで捨てる＝喜捨する」ことができるようになるためにはなおさらなのだ。

■人生坂道を下るがごとし

私、田舎坊主の誕生日は卯年《うさぎ》の二月二十二日。平成二十二年二月二十二日と並びのいい五十九歳も過ぎ、今は還暦も過ぎてしまった。

還暦は文字どおり暦が還ると書く。いわば、「もう一度、再スタート」ということなのか。

子どものころ、四十歳を過ぎた大人を見て、ええ年のおっさんやなあ、と思ったものだ。そのころは、自分が四十歳になるのは、はるかはるか遠い未来のことのように思っていた。

その当時、年月の経過も今よりずっと遅かったように思うのだが、ある日、日々の経過は「加速」することに気が付いた。

つまり、同じ速さで経過しないのだ。

実際にはそんなことはあり得ないのだが、たしかに加速し、日々は過ぎ去っていく。

そのことがわかったのは、「ええ年のおっさんやなあ」と思っていた四十歳を過ぎたころからだ。つまり、厄年のころからということになる。

人間の生理活動というか生命活動は、そのころが頂点なのかも知れない。だから、あとは下り坂を転げ落ちるのみ。

地球上では下りは加速するので、当然、日々の経過は速くなるのか。

そうあきらめかけたころ、還暦がやってくる。

昔は赤いじんべ（チャンチャンコ）と帽子のようなものを贈られて身につけたようだが、私にはまったくそのようなものは届かなかった。

というより、人間というのは幸せな動物で、自分が還暦を迎えてみると、どうもそんなに年寄りのような気がしないのだ。

いまだに似たような年の人の方が「自分よりおっさん」と思っている。

還暦とはこの「下りの加速」にブレーキをかけ、一旦止まって、「もう一度、再スタート」ということを考えさせてくれる先人の知恵なのかも知れない。

ただ、再スタートするにはくたびれ過ぎていて、卯年と言いながら、すでに飛び跳ねられず、歩いていてもよくつまずく。それもあまり段差がないにもかかわらずだ。

兎にも角にも、還暦を過ぎてしまった。

＊

ちなみに「兎に角《とかく》」という言葉は「亀毛兎角《きもうとかく》」という中国の古い言葉から来ているようで、「亀の甲に毛がはえる、うさぎに角」という、「あり得ないこと」を言ったものだそうだ。

これから先、暦は折り返しても新しくなるものはなく、今までどおり、どんどん古くなるばかりで、ましてや突飛ないいことは起こらないのである。

無常の風が吹いてくるころになっても、「あれが欲しい、これが欲しい」「俺のものだ」と、何かにしがみついた生き方だけはしていたくない。

とりあえず還暦は、地道に生きる愚直さを怠らないようにせよという、戒めと受け取ることにしている。

＊

ところで、聖路加国際病院理事長の日野原重明《ひのはらしげあき》先生は現在、百一歳だ。

今、取り組んでおられることは絵本から生まれたミュージカルを企画し、子どもたちとともに世界の舞台で上演すること。

もう一つは憲法九条を守る運動。

もちろん、「いのち」や「生きること、老いること」についての啓蒙は数えきれないほどある。

そんな中、百一歳の誕生日を七日後に控えた日、和歌山市の小学生に、「いのちは心臓ではなく『時間』、その時間を誰のために使うか考えてほしい」と話されたことがあり、私は深く感銘を受けた。

この人にしか言えない言葉「百歳からの人生」には、ただただ驚かされる。

日野原重明先生の声が聞こえそうだ。

「還暦？　若い！　若い！」

■ 捨てること、大切にすること

昨今、ものの片付けや人生の片付けについて、たくさんの書籍が出版されている。

タンスの中の衣類の整理や台所の収納から始まって、財産の整理の仕方、自分の葬儀の段取りまで、片付けなければならないことは多岐にわたるようだ。

＊

私も還暦を過ぎたころから少しずつ身の回りを片付け始めている。

初歩の「死に仕度」でもある。

私の父は大好きなお風呂の中で心不全で急死した（このことについては『田舎坊主の愛別離苦』に詳しく書いた）。

私も同じ心疾患を持っている。しかも三十五年間、薬漬けの体でもある。病気に限らず、いつなんどき、無常の風に連れて行かれないとも限らない。

そう考え、そろそろ片付け始めなければと思ったのだ。

今のところ私が片付けているのはまさに身の回りのものだ。

片付けの基準は次の四点である。

1．必要ないものは捨てる

2．やがて必要になるかも知れないと思われるものも捨てる

3．捨てるときは「思いっきり」捨てる

4. 迷ったときは死んでからも必要かと考えてみる

＊

初めてスーツを捨てたときのことだ。

私は役員として長く難病患者団体に関わっているが、なかでも全国レベルの役職に就いていたときは、毎月のように上京していた。しかし今はそれも退役し、ほとんどスーツを着る機会もなくなっている。さらにそのときから十キロほどダイエットしたこともあって、ほとんど身に合わなくなっているのだ。

もともと二着でなんぼのスーツだ。そんなもの古着として着てもらえそうもないので思いきって捨てることにした。

よく考えてみると、坊主の衣装というのは便利なもので、葬式にはもちろん出席できるが、結婚式にもその衣装で出席することができる。

スーツを捨ててもそれほど困らないことに気が付いた。

私はどちらかというと靴を大事に履く方だが、さらにその際、スーツのときに履いていた靴もすべて捨てた。

＊

ちなみに靴を大事にするにもほどがある、ということを感じた出来事がある。もっと早く捨てておけばよかった、と今でも思う。

その靴は私のお気に入りで、よく履いた。何度も東京へお伴してもらった。それは、すでに東京へはあまり行かなくなっていたころだが、地元で設立した難病患者会役員として県庁へ要望書を提出するため、他の役員を乗せ、車で出張したときのことだ。

途中役員の一人を拾うため、ある駅前に車を停め降りようとしたとき、ブレーキペダルの下をふと見ると、黒いボロボロとしたゴミがかなりの量落ちていたのだ。手で拾ってみると、ゴムのようなプラスチックのようなもので、はじめは何かまったくわからなかった。

たしかめようと車を降りたそのとき、私のお気に入りの靴の底が完全に脱落した。一歩踏み出したときには、靴底は移動せず地面についたままで、靴をかぶった私の足はよりによって裸足で、直接アスファルトを踏みしめていた。

そのときの情けなかったこと、恥ずかしかったこと。

顔から火が出るとはこのことか――。

結局、私は県庁に行って役目を果たすことができず、その日は他の役員に頼まざるを得なかったうえに、みんなでお茶することもできなかった。

帰宅してからその靴を捨てるとき、私は靴にあやまった。

「ここまでくたびれていたのか……申し訳なかった」

＊

靴の底で、もう一つ忘れられない思い出もある。

私は五歳の次女を胆道閉鎖症という難病で亡くしたあと、ある種の虚無感にとらわれた。

そんな折、ある養護施設の先生から、ショートホームステイ事業のステイホームとして子どもを預かってほしいという話があったのだ。

わが家に来たA子ちゃんは中学校卒業後、その施設を出るという。その巣立ちの前に私の家にやってきた。

先生と二人でやってきて、玄関でピョコンと頭を下げて、

「よろしくお願いします。A子です」

と、可愛く挨拶した。同行の先生は、

「それじゃ、お願いします」

と言って帰っていった。

A子ちゃんは黒色の靴を玄関出口の方向に向きを変え、二つそろえて部屋に上がっていった。

よくしつけられた子だな、と思ったが、そのそろえられた靴を見て、私はその靴のかかとの部分が踏まれていたのが気になった。

というのも、私は先般書いたとおり、かなり靴を大事にするため、履き方についても靴のかかとを踏むのは大嫌いなのだ。靴はちゃんとかかとを立てて履

くものなのだと思っているし、かかとを踏むならサンダルか草履《ぞうり》でいいではないかと思っている。

大げさに聞こえるかも知れないが、靴を作った人のことを考えたとき、この履き方は大変失礼なことだと思うのだ。というのも、かかとの部分は製造過程でも一番心を込めて丹念に作らなければならないとも聞いたことがあるからだ。だから、靴のかかとの部分を踏んで粗末に扱っては申し訳ないような気がするのだ。

私の子どもとして家にいる間にこれだけは言っておかなければ、と私は彼女の踏まれた靴のかかとを静かにめくり上げて……私は思わず、「あっ！」と一声上げ、息をのんだ。

なんと、めくり上げた靴底はすり減り、ヒール部分を強化するための格子状のものだけをわずかに残して、見慣れた玄関のタイルが見えているのだ。

私は間を置かず、めくり上げたかかとを押し倒し、元の踏まれた状態に戻した。

このとたん、私は胸が熱くなり、涙がこみ上げてきた。

「この子にはこの靴しかないのだ。はじめて行く家で、しかも他人の家に二週間ほど泊まるのに、履いてくる靴がこれしかないのだ。この子には身寄りがないかも知れないし、もちろん、小遣いをくれる家族もいないのだ」

そう思うと、この子が無性にいとおしくなった。

これだけは言っておかなければ、という思いはすでに消えていた。

この子はもう十五歳、花も恥じらう乙女なのだ。

靴のかかとを踏んでいるのは、「底に穴の開いた靴を見られたくない」という恥じらいがあったのだろう。「こうすれば、もう少し長く履ける」という思いもあったかも知れない。

あとで彼女からいただいた手紙で初めて知ったのだが、その靴は離ればなれになったお姉ちゃんからもらった「宝もの」だったそうだ。

それを大切に大切にしている姿でもあったのに、坊主という立場で、偉そうに説教しようとした己を心から恥じた。しかも、

「宝ものだったのに、かかとを踏んでいてごめんね」

と、お姉ちゃんにあやまったそうだ。

これほどものを大切にする子どもが、今、いるだろうか。

人生において、捨てるには「捨てどき」があり、大切にするにはそのものの向こうにいる人の心を思う、深い愛情が必要なのだ。

■正しい判断とは

ある人が言っていたのだが、「きれい」と「美しい」は違うそうだ。

「きれい」は表面上、見た目だけであって、「美しい」は内面的なものを言うのだそうだ。

たしかに「わあーきれい！」では内面まで判断していないような気がする。

しかし、この「きれい」、そしてその反対の「汚い」について、勝手な判断を加えているのは人間だと思う。

たとえば、一度オシッコを入れられたグラスは、どんなにたくさんの洗剤を使って洗われ、煮沸を施しても、オシッコを入れられたことを知ってしまうと、なかなか気持ちよくそれにビールをついで飲むことはできない。というか、拒否してしまう。

たとえ、それが電子顕微鏡で菌が見受けられない、完全滅菌された「きれい」な状態でもだ。

反面、自分の手にオシッコがかかっても、石けんで洗えば「煮沸」をしなくても、その手を使っておにぎりをつかんで食べることができる。

電子顕微鏡的には雑菌満載の手でも自分の手は「きれいだ」と思っている。

*

目の前にフランス料理のコースが運ばれてきた。

最後のメインディッシュは牛フィレステーキだ。

大きめの真っ白いお皿にフィレステーキ、ニンジンのグラッセ、皮付きポテトが盛られている。

ステーキの上にはきつね色に焼いたニンニクの薄切りが載せられ、まわりには煮詰められたソースがあしらわれ、緑濃いクレソンがいっそうメインディッシュを引き立てている。

それは実に「きれい」で食欲をそそるのだ。


さて、ステーキにナイフを入れ、ソースを絡め、ニンニクとともに口に頬張る。このまま食べてしまえば美味しい。

でも、ちょっと待っていただきたい。

口に頬張ったステーキとニンニクを二十回ほど噛んで、そのまま「きれい」

なお皿のあいた場所に口から出して置いてみる。

これは「きれい」？
それとも「汚い」？
もう一度、それを頬張れる？
もし、「汚い」と思うのであれば、汚いものを口にしていたということなのだろうか？

違いますよね。
「きれい」と思って、美味しそうと思ってお口に入れたんだから。
それなのに、二十回程度の咀嚼《そしゃく》で、それは汚くなってしまう。
たとえ、自分の口の中から出たものであっても……。

つまり、目で見て「汚い」と脳に言うと、人間はもう融通はきかなくなって、生ゴミにしか見えなくなる。

正しい判断をするならば、皿の上に出したものは咀嚼途中のご馳走であって、決して「生ゴミ」なんぞではない。もう一度口にすれば、それは人間の生命を維持してくれる大切な栄養源になりうるものである。

*

それにしても「きれい」なものを「汚い」と思い、汚くても自分のものならこだわらず、かといって自分のものでも汚く感じてしまうこともある。

この違いはなんだろう。

正しい判断とはいったいどういうことなのだろう……。

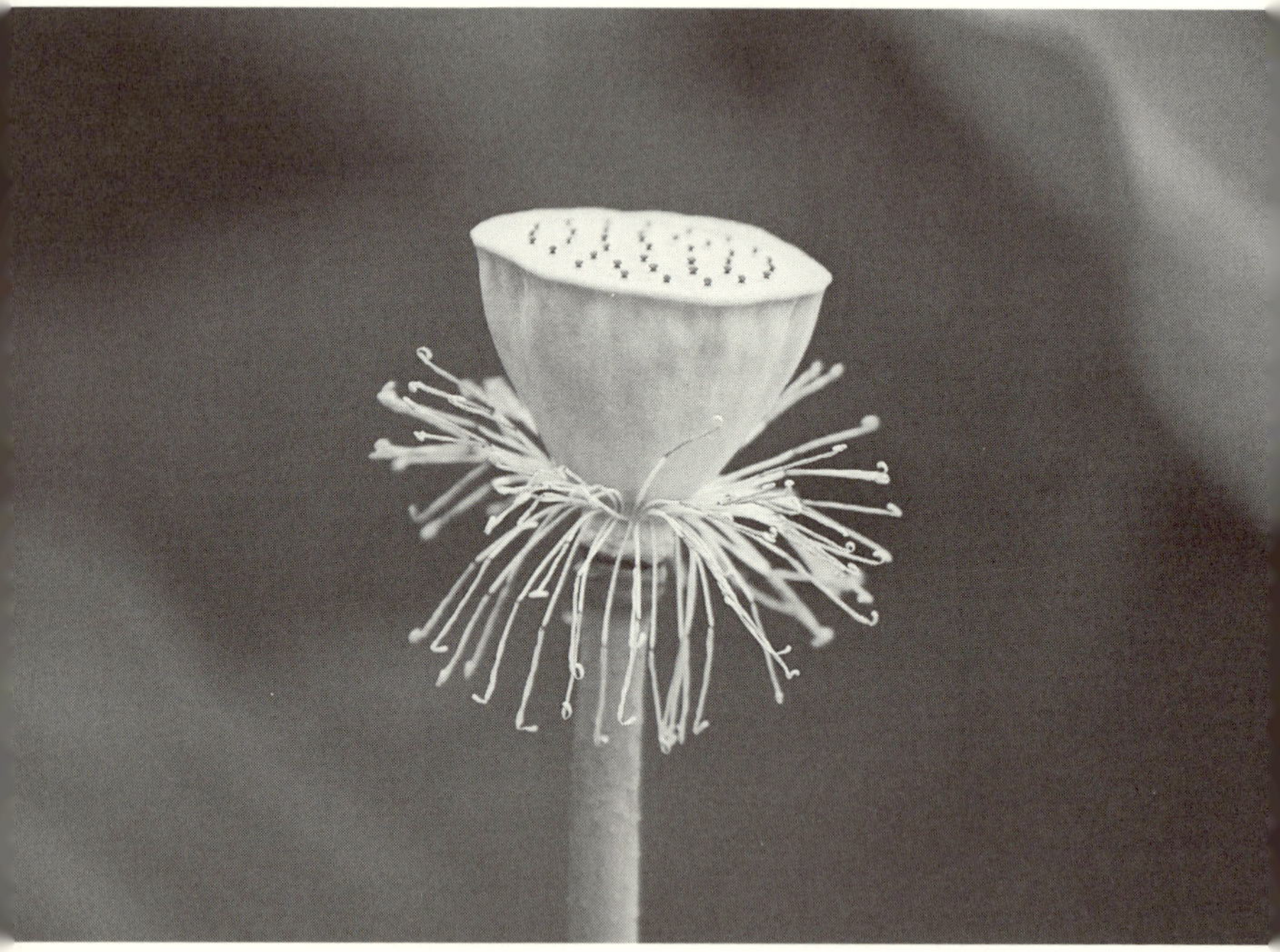

■不思議なやすらぎ

ある檀家さんの奥さまからお手紙をいただいた。

内容は、三回忌でのこと。

そのとき、嫁ぎ先の両親のお墓を建てることをご主人と相談して決め、墓地を整え、法事を済ませると、いろいろなことが脳裏をめぐったと、その日の気持ちが正直にしたためられていた。


とにかくお墓を建てることができて嬉しかった。

そしてとてもありがたく思った。

自宅で九十歳の天寿を全うし、息をひきとった義母に添い寝した思い出。

体の冷たさを感じながら、実母よりはるかに多くの時間をともにし、味わったつらさ、悲しさ、喜び、優しさ……。

今もそのときの義母の冷たさを思い出し、はかなさや無常を実感しながら、「今日一日無事に過ごさせてもらってありがとうございました」といつも言えるよう、優しい気持ちで暮らしたいと心に刻んだ想い。

しかも、それは不思議なやすらぎだったと――。

それらのことをどうしても私、田舎坊主に聞いてもらいたい、と、美しい字で書かれていた。

さらには実家の父親の死、出産途中で亡くなったわが子、そして兄、義姉など、愛しい人たちとの別れの際の気持ちを思い出しながら、拙書『田舎坊主の愛別離苦』を読んだとも書かれていた。

生きているということは多くの愛しい人たちを見送ることでもある。

実父を送り、嫁ぎ先の両親を送り、兄姉やさらに子どもまでも見送った。

彼女にとって得られたものといえば、今日一日無事に過ごせたことに感謝できる心と、優しく日々暮らしていこうと誓う心の強さだった。

もちろん、言うまでもないが、見送られた人たちは何一つ手に持っていくこともなく、生きているうちに人々に大切なものをただ与え続け、今は墓石の下で静かに眠っている。

*

ところで最近、火葬後の葬送方法が変わってきている。

テレビでは自然に包まれ、四季に咲く花や木の下に遺灰をまく「樹木葬」のコマーシャルが流れ、インターネットでは「手元供養」という名で遺灰をさまざまに加工する業者がホームページ上に躍る。

身寄りのない独り身だけではなく、家や家族に縛られることを嫌い、墓石を建てることにこだわらず、自然界に散骨をしたり、遺された者がペンダントなどに加工して身につけて供養する形も多くなってきた。

本来、仏壇にせよ、墓石にせよ、それらはご先祖さまの居ます場所、依《よ》り代《しろ》であるとともに、生きている者にとっての心の拠り所でもあった。

僧侶である私自身も、仏壇や墓石を整えたとき、不思議な安らぎを感じたことを今も覚えている。

私たちは人生において、突如、予期せぬ災難や苦労が降りかかってくることがある。

そんなとき、信仰を持っていようがいまいが、自然と手を合わせ、心から祈りたいと思うことがあるのではないだろうか。

その対象がご先祖の場合、相手が墓石になっていようが、自然界の花や木の下であろうが、関係はない。

先立っていった愛しい人に「見守っていてね」「助けてあげてね」「力を与えてね」などと手を合わせる姿には、深いつながりを感じずにはいられないからだ。

*

その一方で最近、形式や祀り方を事細かに押しつける人がいるのも事実だ。

とりわけ宗教者がそういうことに固執し、お説教と称して、檀家さんや信者さんに畏怖の念をうえつけるのもどうかと思う。

「ほとけ」は「ほどける」から生まれた言葉だと聞いたことがある。

仏教の行事が人の心を窮屈にし、縛ってしまうようなことがあるならば、本末転倒である。

ましてや『般若心経』の説いている「空《くう》」や「無」を理解し、法事などで読経している宗教者が押しつけているのならば、なおさらのことだ。

*

さて先の手紙の「不思議なやすらぎ」の具体的なこと、心のうちは知るよしもないが、まずは嫁ぎ先の両親のことを第一に思い、決断したことが正しかったのだろう。

そのことが、もつれていた心の糸を静かにほどき、何ものも縛らず、何ものにも縛られない、穏やかなやすらぎを感じさせてくれたのではないかと、私は彼女の心の置きどころを勝手に想像している。

■捨てさせていただく

むかし、中井貴一が主演した『ビルマの竪琴』という映画を見た。

ビルマ（現在のミャンマー）で戦死していった戦友を供養するため、現地で出家した水島上等兵が、日本に帰還する部隊の戦友たちにビルマの竪琴で『埴生の宿』を奏でるという名場面を記憶している方も多いだろう。

しかし、私はその場面ではなく、ある場面を印象的に覚えている。

それは、正確ではないと思うが、垣根越しに日本兵が托鉢《たくはつ》を持ったビルマの

僧にお布施（お金か物か定かではないが）を鉢に入れたとき、

「この国の坊主はお礼を言わぬ」

というようなセリフを言う場面である。

＊

托鉢は本来、生産活動を行わない僧が毎日、街を歩いて信者から米やお金などの生活必需品を鉢の中に入れてもらうことだ。

とくに現在でも、東南アジアの上座部《じょうざぶ》仏教と呼ばれる仏教圏では日常的に行われている。

この托鉢の鉢は「捨て鉢」であり、信者を始めとする人々はこの鉢に「捨てさせてもらっている」のだ。

つまり、僧の方は「捨てさせてあげている」ので、お礼を言うのは僧ではなく、鉢に物を入れる方なのだ。

しかも、この托鉢に慣れている人々は僧に供《きょう》することが最高の功徳《くどく》と考えられているから、「捨てさせてもらう」ことによって幸せな心になれるのである。

もちろん、僧にとって生活必需品とはいえ、僧の方は鉢の中身についてなんらこだわりも執着もない。

だから、お金の上に汁物が入れられる場合も少なくない。

きれいや汚いの判断もしなければ、ただありのままに受け入れるのだ。

「捨て鉢」なのだから――。

*

しかし、日本はあまりこの托鉢が浸透している国とは言えない。

だから、映画『ビルマの竪琴』の中で、日本兵が「この国の坊主はお礼を言わぬ」というセリフがあったのも、当然といえば当然なのだ。

こう考えてみたらどうだろう。

私たちは週に何回かゴミ収集のサービスを受けている。

もちろんゴミだから、それに執着をしていない。というより、むしろ、早く手放したいと思っている。

そして、ゴミ収集車に乗ってくる人には「ご苦労さま。ありがとう」と言う。捨てさせていただくのだから、礼を言うのは捨てた私たちの方だ。

托鉢とゴミ収集を同列に語るのも問題があるのかも知れないが、心の持ちようはこういったことなのだ。

信者の方は「自分のもの」という執着を離れて「捨てる」。僧は捨てられるものに執着せず、ありのまま、あるがままに受け入れて生活の糧にする。

だから、私はいつも法事などでよく話すのだ。

「しっかり坊主に捨てて下さい！」

「包んだお布施の割にはお経が短いなどと言わないように！」

■初めての布施

「布施」には「財施《ざいせ》」と「無財施《むざいせ》」がある。

ミャンマーなど上座部仏教で僧侶の托鉢に入れるものはいわゆる「財施」である。生活必需品であったり、お金であったり、食品類などだ。

まさにこれはインドで経験した「バクシーシ（喜捨）」で、人々は喜んで布施して（捨てて）いるのだ。鉢に入れたもので喜んでもらえると思い、そのことで心が満たされ、平安になり、その功徳により後生《ごしょう》さえも幸せになれると考えているのだ。

しかし、財施できるということは、捨てるものがあるからこそであって、なかにはそれすらない人たちだって多くいる。

果たして、そのような人たちに、それに代わる功徳があるのだろうか。

仏教ではすべての人たちに、もちろん、財施できない人たちにも功徳ある布施の方法を説いている。

それが「無財施」だ。

一般的に「無財の七施《しちせ》」としてよく知られているのが次のとおりである。

眼施《げんせ》　**いかなる人にも温かいまなざしを忘れず接すること**

和顔施《わげんせ》　**なごやかな笑顔で接すること**

言辞施《ごんじせ》　**相手を思いやる言葉で満ちていること**

身施《しんせ》　あなたの力でつねに人の手助けをすること
心施《しんせ》　嬉しいときも悲しいときも相手の心に寄り添うこと
座施《ざせ》　相手の疲れを察し席を譲るように自分の立場を差し出すこと
舎施《しゃせ》　雨に濡れてる人に軒を貸すように温かく迎え入れること

お金のある人はお金でできる。お金がなくても、あなたの笑顔や言葉や振る舞いなどでも布施はできる、というのが無財施の教えなのだ。しかも仏教では、笑顔や言葉でもって表現できない人でも、「祈る」ということで布施ができるとしている。言いかえると、人はすべて布施ができる立場にあるということになる。

ちなみに「座施」や「舎施」には、粗末な布を巻いただけの修行者が法を説きながら歩いた、古代インドの仏教者に対する接し方というものが色濃く残されているように思う。

それは、広い大地を歩き回り、疲れきった修行者の体を快く休めさせることは、尊い布施であったからだ。

*

田舎坊主の自坊にも、私が子どものころ、みすぼらしい姿の行者のような人が、「本堂の軒でもいいから泊めて下さい」

と、よくやって来た。

母は毛布と枕を差し出し、一夜の宿に本堂を貸していたが、私はただただ知らない人が家（寺）にいる怖さが先立っていた。

しかし、翌朝、母はその行者におにぎりを持たせ、旅の無事を祈っていることも告げて見送っていたのを今でも覚えている。

考えてみるとこれこそ、「舎施」であったのだ。

＊

一九八〇年代、来日したマザー・テレサは東京での講演で、

「貧困であること、障害があること、病気であることは決して不幸でも悲しいことでもない。人間にとって一番不幸で悲しいことは、誰からも必要とされず、認められず、孤独であること。しかも、そういう人が先進文明諸国の都会にたくさんいる」

といった主旨の話をした。

私はこの話を聞き、マザー・テレサに会いたいと強く思った。

一九八九年五月、難病の人たちの患者会である「和歌山県難病団体連絡協議会」を設立した私は、その年の八月から九月にかけてはじめてインドへ行った。そのとき、ベナレス（現バナラシ）の「死を待つ人の家」に行けば、会えるかも知れないという期待を持っていた。

そこは正式には「ニルマル・ヒルダイ」と呼ばれていた。「カルカッタ」という地名の語源となった、「カーリーガート寺院」の一部で、マザー・テレサが市に依頼して提供されている施設である。

通りの角にあるこの建物は、二階正面に聖母マリア像が掲げられている。三段くらいの階段を上がり、戸を開けると、左手に三十台ほどの粗末なパイプベッドが並んでいた。

紺色の毛布だけが敷かれたうえに、手足は細り、お腹《なか》を異常に腫らした老人や、口を開け、今にも息を止めてしまいそうな人たちが、甲斐甲斐しく動き回るシスターたちとは対照的に、静かに横たわっていた。

私はふと入り口のすぐ横にある小さな花の山に気が付いた。

小さな箱の上にブーゲンビリアやストレチアなど、色とりどりの花が盛られ、二本の担ぎ棒のようなものが箱の下に敷かれていた。

イギリスから奉仕に来ているシスターに、

「これは?」

と聞くと、「つい先ほど小さな子どもが息を引きとって、これからガンジス河で火葬する」というのだ。

私は、難病で亡くなった娘の死と重なり、胸が熱くなった。

ここに収容されるのは老人だけではないのだ。家もなく、身寄りもない、小さな子どもが道端からひん死の状態で運ばれてくるという。


今、自分にできることはなんなのか？

なにがしかの布施をすることしか思い浮かばなかった。そのときの手持ち分、3000ルピーをシスターに手渡して「死を待つ人の家」をあとにした。

日本ではお布施をいただいて生きている私にとって、このときの3000ルピーが初めての布施だった。


そして結局、私はマザー・テレサに会うことも顔を見ることもできなかった。

その一生を、弱い立場の人を孤独にさせる「社会」というものと闘っていたマザー・テレサの偉大な人生に、ただただ頭が下がるばかりである。しかも心臓病が悪化し、体調を崩したとき、周囲の手術のすすめに対し、「貧しい人と同じように死にたい」と言って特別扱いを拒否したのだ。

＊

一九九七年九月六日、人生そのものを「布施」したマザー・テレサは、一般人としてははじめて国葬で送られた。八十七歳だった。

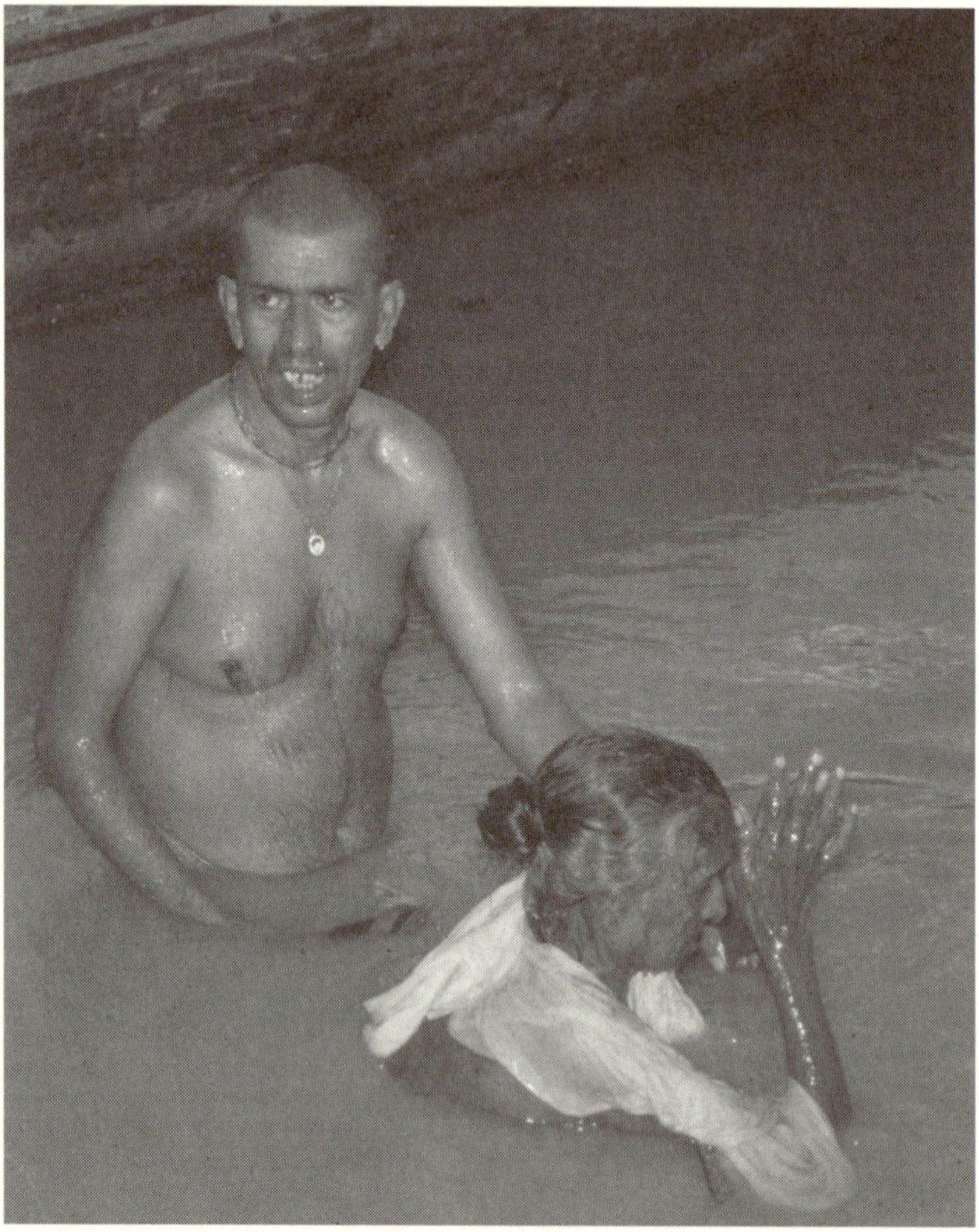

ガンジス河で息子に連れられ沐浴する老母

■タイガーマスク現象

二〇一〇年の十二月、クリスマスのころ、ある児童施設にランドセルが送られ、「伊達直人からの善意の贈り物」としてメディアに大きく取り上げられた。

その後、全国各地で次々と同様の施設に贈り物が届くようになり、

「日本人も捨てたものじゃない」

「新たな寄付の形態が現れた」

など、巷間《こうかん》喧《かまびす》しく論じられるようになった。

「伊達直人」名で届けられた贈り物は、二〇一一年一月には物品や金銭を含め、

四十七都道府県すべてに寄せられたそうだ。

メディアはこれを「タイガーマスク現象」と名付けた。

駅前や繁華街などで街頭募金が行われているのをよく見かけるようになったが、それでも日本の寄付文化はあまり成熟しているとは言えない中、心あたたまる現象と言えるだろう。

＊

私は毎年一回、ＪＲ和歌山駅前で署名と募金活動をおこなっている。もう二十年以上になるが、気持ちよく署名や募金をしてくれる方々の姿に、いつも感謝の気持ちでいっぱいになる。

なかでも若い学生や子どもたちがなけなしのお小遣いから寄付してくれる姿

には、ほんとうに頭が下がる想いだ。

しかもその際、

「がんばって下さい」

と言葉をかけてくれるのには、いつも胸が熱くなる。

私が経験するかぎり、募金や署名に協力してくれるのは、概して若者が多い。むしろ大人というか中年の人は、いかにも「私は今、忙しいの」と言わんばかりに、無視していく人が多いのだ。

また、無視するのではなく、

「この募金はどのように使われるのですか?」

と、その使い道を確認したうえで募金する、堅実型の人も増えてきた。

＊

いずれにしても、募金することを恥ずかしがっている人がたしかに多いように思う。この日本人らしさともいうべき謙虚さが、財政基盤の弱い難病患者団体などの募金活動においては充分な資金を得られない理由でもある。

アメリカなどでは、政治にしても慈善事業にしても、個人・団体にかかわらず、日本とは比べものにならないほど、募金や寄付は日常化しているという。寄付をすることが「照れくさい」「恥ずかしい」「いい格好をしているように思われないだろうか」などは、日本人独特の精神文化ともいうべきもので、これが寄付文化の成熟を阻んでいるように思う。

しかし、「タイガーマスク現象」が報道されて以来、多くの人が、

「この方法だったら自分にも何かできるのではないか」

「この現象に乗って恵まれない人たちのために何か役に立ちたい」

と思い、実際に行動を起こしたのではないだろうか。

*

この「タイガーマスク現象」華やかなりしころの一月十五日、私の住む和歌山県紀の川市に、「難病患者のために使って下さい」という手紙とともに百万円が寄付された。

このときの寄付者の名前は「伊達直人」ではなく「華岡青洲《はなおかせいしゅう》」だった。

添えられた手紙にはこう書かれていた。

「同封のお金を難病患者の会へきふして下さい。ある病院で『田舎坊主の愛別離苦』をよんで、わたしの人生と重なり共感しました。難病の方の役に立てて下さい。華岡青洲」

紀の川市名手市場一四五
市役所
難病担当課 さま
同封のお金を
難病患者の会へ きふして下さい。
ある病院で 田舎坊主の「哀別離苦」
をよんで、わたしの人生と重なり共感
しました。
難病の 方の 役に立てて下さい。
華岡青洲
10000
日本銀行券
壱万円
日本銀行

華岡青洲よりの寄付

市の方は早速、私が事務局長を務める「紀の川市難病患者家族会きほく」に届けて下さった。

*

華岡青洲は、アメリカ人モントルのエーテル麻酔の成功からさかのぼること四十二年、一八〇四年、世界ではじめて全身麻酔薬「通仙散《つうせんさん》」による乳ガン摘出手術を成功させた「医聖」と呼ばれる人で、私の寺から一キロほど北に生誕地がある。

当時、華岡青洲のもとには全国から最新医学を学びたいと多くの医学生が集まり、学業と実験に励んだ。

そしてやがて修学を終え、学舎、春林軒《しゅんりんけん》を卒業して故郷に帰る弟子たちに、免状とともに自筆の漢詩をしたためた一幅の掛け軸を贈った。

そこには次のように書かれている。

竹屋簫然烏雀喧《ちくおくしょうぜんうじゃくかまびすし》
風光自適臥寒村《ふうこうおのずからかんそんにがすにてきす》
唯思起死回生術《ただにおもうきしかいせいのじゅつ》
何望軽裘肥馬門《なんぞけいきゅうひばのもんをのぞまん》

住まいの家はそんなに立派ではないが、
鳥のさえずりが聞こえ、さわやかな風が吹く、
豊かな自然に恵まれた田舎に住んでいる。
私は、富も地位も栄誉も望まない。
ひたすら思うことは、

病人を回生させる医術の奥義を極め、
難病患者を救いたいのだ。
お金を儲けて絹の着物を着たいとか、
立派な馬に乗りたいとか、
決して思わない。

＊

百万円という大金を、言わば匿名で寄付してくれたその方も、華岡青洲の精神に通じるものがあったのだと思う。

タイガーマスク現象はほとんどが、施設の子どもたちのために寄付されたものだった。しかし、難病患者のためにと寄付されたのは全国的にも初めてのことで、このことは全国紙の新聞でも報道された。

それにしても、私の患者会に寄付されたことと、その理由が私の拙書『田舎坊主の愛別離苦』を読んで共感してくれたことと書いてあり、驚きとともに、「大切に使わせていただきます」との思いが胸を熱くしたことを今でも鮮明に覚えている。

■大災害の記憶

私が一九五一年に生を受けてから、六十歳の還暦になるまで、日本は幾多の自然災害に見舞われてきた。

私が記憶しているものだけでも、次のようなものがある。

一九八三年　日本海中部地震（秋田、青森）
一九九〇年　雲仙岳噴火（長崎）
一九九三年　北海道南西沖地震（北海道）
一九九五年　阪神・淡路大震災（兵庫）

二〇〇八年　岩手・宮城内陸地震（東北）

そして、二〇一一年三月十一日、東日本大震災が発生した。

大地震と巨大津波はすべてを根こそぎ奪ってしまった。努力の末、得てきたものすべてを、だ。

家を流され、職場を流され、日用品を流され、ふるさとを流され、家族を流され、すべてが無に帰した。

助かった人は文字どおり「命からがら着の身着のまま」で、残ったのは命だけという人がほとんどだった。

大震災の前日、新築に引っ越したという若いご夫婦が、コンクリートの基礎だけ残ったその場所を指さしながら、

「ここが両親の部屋だった」

と、泣き崩れながらも、

「家族が助かっただけでもありがたい」

と、話していたのが印象的だった。

この大震災において、奇跡的に助かった人たちの話は数多くあれども、同時に、自然の驚異にただただ驚愕する。

しかし、こんな絶望の淵になんとか踏みとどまった人たちの口から出る言葉は、

「命があっただけで、しあわせです」

さらに避難所で家族が見つかったとき、

「生きててよかった。それだけで充分です」

という人もいた。

たった一杯の温かい飲み物や食べ物が差し入れられれば、

「ほんとうにありがたいです」

と話す。そして、

「まだ見つからない人も多い中で、これ以上のことは贅沢です」

とも話されるのだ。


当初、避難所にいる被災者から聞こえてくるのは「感謝です」「ありがたいです」という言葉であふれていた。

ある避難所の中にいた中学一年生くらいの女の子が、

「今までどれだけしあわせだったか、初めて気が付きました」

と話していたことが、私の脳裏から離れなかった。

＊

顧みるに、こんな大震災を経験していない私は、毎日、温かいご飯やお味噌汁をいただいている。

果たして、その温かいご飯やお味噌汁に「ああ、ありがたい」と深く感謝をしていただいているだろうか。

大きなおかげを感じているだろうか。

そして、今、「あたりまえ」の生活が、どれだけしあわせなことかと感じているだろうか。

「あたりまえ」という環境ほど、人間の心を麻痺させてしまうものはないように思うのだ。

■人生最大の布施

特別養護老人ホームでヘルパーとして働いていた娘が二〇〇三年一月、突然、

「私、高野山尼僧学院に行く」

と言って剃髪得度《ていはつとくど》した。

本人にとっては突然ではなかったのかも知れないが、娘一人しかいない私にとって、この寺は私の代で最後、と、腹をくくっていたのでほんとうに驚いた。

娘は得度に先立って剃髪をしたのだが、案外、「つるつる頭」に落胆はしていない様子だった。そのことがかえって私の胸を熱くした。

しかし、高野山での一年間がほんとうにつらかったであろうことは、面会に行ったとき、しもやけで両手両足両耳がまっ赤に腫れているのを見て、容易に想像できた。

一年間の尼僧修行すべてを成満《じょうまん》（卒業）し、二〇〇四年から自坊での日行《にちぎょう》や法事などを手助けしてくれるようになった。


その娘は配管職人の在家に嫁ぎながらも寺の手伝いを続けていたが、ありがたいことに、やがて娘の旦那さんも出家という重い決断をしてくれた。

自坊・不動寺は私の代で縁者が住職を務めることはないと思っていたのが、今は二人も副住職ができたことになる。

しかも、寺の近くに新居を構えてくれるというのだから、これはもうありがたいの一言に尽きるのだ。

そこで、田舎坊主としては、やっと貯まった貯金のほとんど一千万円を新築の援助として足してやることを宣言したのだった。

二〇一一年二月のことだった。

というのも、ちょうど、新築資金として親が一千万円援助しても贈与税がかからないという特例が認められたからでもある。

ありがたいのであれば、やはりお金でその気持ちを表さないと……などとも思っていた。

その翌月、三月十一日、東日本大震災が発生した。

テレビの情報番組を見ていたとき、突然、

「今、スタジオが揺れています。地震です！」

という、キャスターの少し慌てた声が聞こえた。

その後、各地の震度がテロップに表示され、東北地方で大きな地震が発生したことを伝え、特別番組に切り替わった。

テレビは未曾有の大津波を生中継した。

そこには身の震えるほどの恐ろしい光景が映し出されていた。

津波は防波堤を乗り越え、車は流され、家は流され、大木はなぎ倒され、田畑をのみ込んでいる。

まるで映画の『日本沈没』や『デイ・アフター・トゥモロー』のようで、単なる映像として見ている自分にはすぐに実感がもてず、「あの車は水が入ってしまったからもうダメかな」「あの家の家具はどうなるのだろう」などと、最初は的外れな心配しか思い付かなかった。

しかし、ふと現実に戻れば、未だ経験したことのない大災害が目の前で起こっていたのだ。

テレビ画面は仙台空港を映し出していた。

みるみるうちに濁流が滑走路に浸入し、車も、飛行機までもが押し流され、空港ターミナルが浸水している。

この瞬間、わが子を助けたいとの一心で、初めて飛行機に乗って降り立ったのが仙台だった、という記憶が私の頭をよぎった。

そして、一年半入院してお世話になった東北のために、仙台のために、何かしなければという思いが沸々とわき上がってきたのだ。

＊

翌日の三月十二日、娘夫婦の新築費用の足しにと思っていた一千万円を寄付する決心をした。

早速、妻や子どもたちにこのことを話すと、皆、快く承諾してくれた。

私の心はありがたいと思う気持ちとすまないと思う気持ちが交錯していた。


休み明け三月十五日、銀行から一千万円をおろし、その足で地元の紀の川市に「大震災で困っている方に使って下さい」と持参した。

このとき、紀の川市ではまだ募金の窓口はできていなかったので保留となり、その後、紀の川市長さんから直接電話が入った。

「紀の川市の名前でいろいろな方からの募金と合算して報告するにはあまりにも高額なので、あなたの名前で、日本赤十字和歌山支部に持っていってもいいか？」

「紀の川市に寄付したものですから、お任せします」

私はそう返事をした。

これが私の人生最大の財施となった。

「亡き娘の恩返し」義援金1千万円

紀の川・不動寺住職

森田さん、市に託す

紀の川市北涌にある不動寺の住職森田良恒さん(60)が15日、東日本大震災の被災地に贈ってほしいと義援金1千万円を同市役所に託した。市はさっそく日本赤十字社県支部（和歌山市）に届けた。

森田さんは1985年に当時5歳の次女を胆道閉鎖症で亡くしている。生後間もなく、専門医のいる東北大学付属病院（仙台市）に約1年半の間入院したといい、「医師や看護師らにお世話になったことが忘れられない」と寄付を思い立った。

現在は紀の川市難病患者家族会の事務局長を務めている。「タイガーマスク運動」が盛り上がった1月には、市出身の医師華岡青洲の名義で会に100万円の寄付があった。森田さんは「今度は私が少しでも助けになりたい」と話した。（燧正典）

朝日新聞 2011.03.16 付「亡き娘の恩返し」

雑記帳

◇東日本大震災被災者への義援金として、和歌山県紀の川市の市難病患者家族会事務局長の森田良恒さん(60)が個人のお金1000万円を日本赤十字社県支部に寄付した。

◇森田さんは次女を難病の胆道閉鎖症で亡くした。次女は仙台市の東北大付属病院で3度の手術を受け、「『半年の命』と言われたが、病院の医師らに本当に助けられ、5歳まで生きられた」という。

◇患者会にはタイガーマスク運動さなかの今年1月、匿名で100万円が寄せられた。「今度は自分が誰かのために」。森田さんの寄付には二つの恩返しが込められている。【川平愛】

毎日新聞社提供（2011.3.21）

■副住職が慰霊護摩を焚く

田舎坊主の寺、不動寺は、慶長六年（一六〇一年）開山《かいざん》と伝えられている。その後、一七〇〇年ごろに本堂が焼失し、その後、宝永三年（一七〇六年）、現在の本堂が再建された。これは、西国霊場《さいこくれいじょう》で有名な粉河寺《こかわでら》の山門《さんもん》が建立される前年のことになる。

不動寺はその名のとおり、本尊《ほんぞん》は不動明王《ふどうみょうおう》だ。

正式本尊名は「大日大聖《だいにちだいしょう》不動明王」といい、真言宗の本尊である「大日如《だいにちにょ》来《らい》」の化身《けしん》といわれていて、紀伊続風土記には「岩上に堂あり、本尊不動明王は大師の作なり」と記されている。

本来、不動明王を本尊とする本堂の内陣《ないじん》には「護摩壇《ごまだん》」が据えられていて、もちろん自坊・不動寺にもあるのだが、残念ながら護摩を焚くことができなかった。というのは、今から約七十年前、護摩を焚く鉄製釜が、大戦時中に強制的に供出され、現在まで釜のない状態が続いていたからだ。

*

実は、今から三十五年前、田舎坊主である私が副住職に任命された際、護摩焚き法要再開のため、老朽化した護摩壇を修復新調することを願い、見積もりをとったことがあった。しかし、最低五百万円という高額費用がかかることがわかり、総代らに相談するも断念を余儀なくされた経緯があった。

ところが幸い、娘の旦那である和道師が副住職に就いたのを機に、再度見積もりしてもらったところ、修復技術も進化し、老朽化した護摩壇はほとんど新品同様になるという。しかも、三十五年前の見積額のほぼ半額で修復できることがわかり、七十年ぶりに護摩壇が修復されるとともに、護摩釜が据えられるようになった。

ちなみに今回の修復で、不動寺の護摩壇は、今から二百二十年前の寛政五年（一七九三年）、宥全師の代に寄進されたことが、護摩壇の裏書きの寄進控えから判明した。

平成二十三年十二月二十二日、護摩壇の修復が終わり、新たに護摩天蓋が新調されるとともに、この際、灯籠など、その他の堂内備品の塗り替え修復や花瓶までも新調され、見違えるほどの護摩堂として完成したのだった。

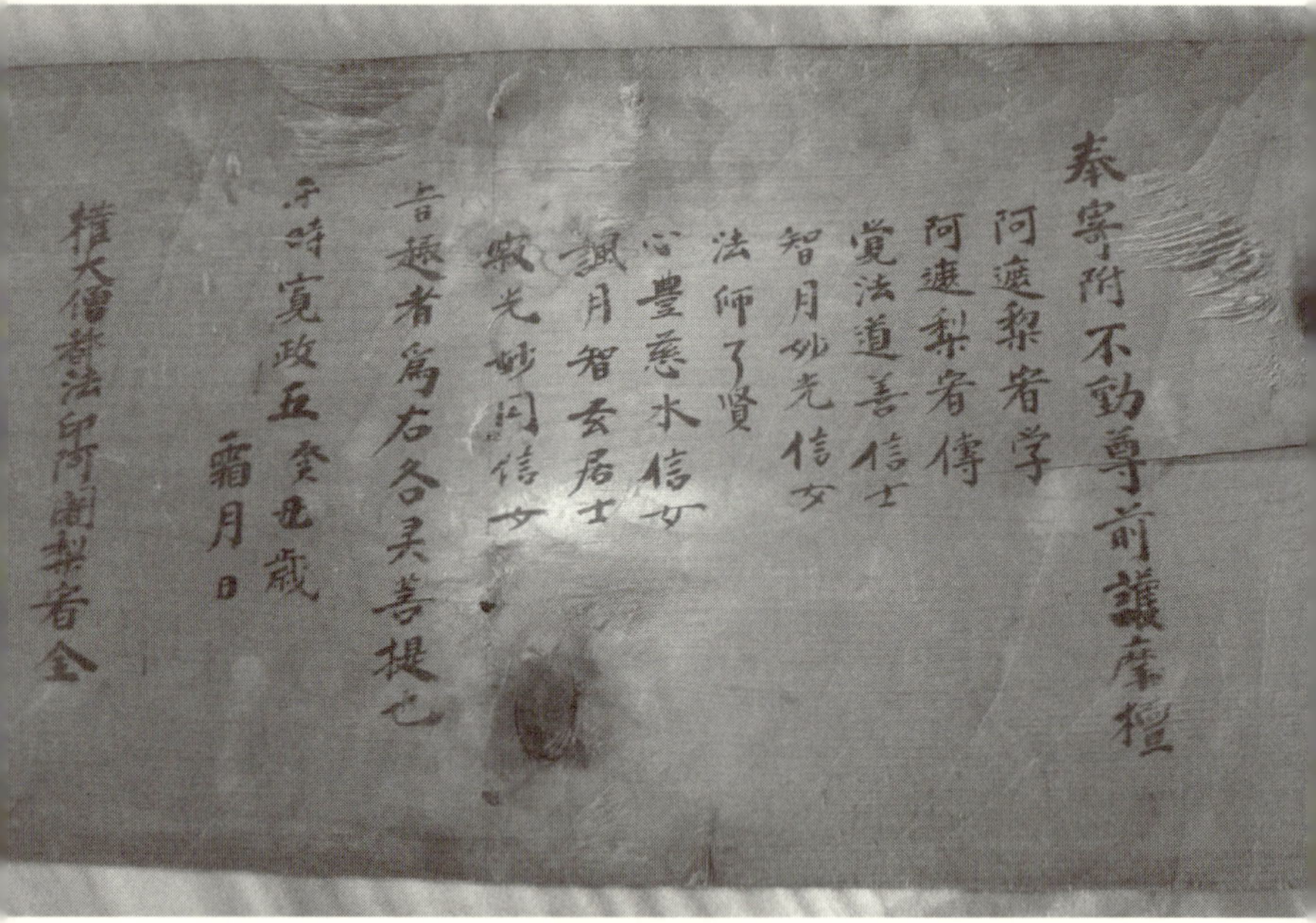
奉寄附不動尊前護摩壇
阿遮梨耆学
阿遮梨耆傳
覚法道善信士
智月妙光信女
法師了賢
心豊慈水信女
諷月智玄居士
皎光妙円信女
旨趣者爲右各具菩提也
于時寛政五癸丑歳
霜月日
権大僧都法印阿闍梨耆全

護摩壇裏書き

護摩を焚くには前方便《ぜんほうべん》から入壇《にゅうだん》し、護摩木を焚き上げるまで約二時間を要する長座となる。そのため、午前中に前方便に入り、必要な作法を済ませたうえで、午後の本護摩壇に入壇するのだ。

護摩法要では、参詣者の祈願を書き添えられた護摩木が導師《どうし》の読み上げとともに焚き上げられ、開壇《かいだん》、慰霊とともに息災《そくさい》護摩として営まれる。

*

私は修復完成の落慶《らっけい》法要で、どうしても祈願したいことがあった。

それは東日本大震災で被災した御魂《みたま》に対する慰霊と、紀南地方に甚大な被害をもたらした台風十二号被災者への慰霊である。

＊

平成二十三年十二月二十八日、終《しま》い不動の縁日に、東日本大震災及び台風十二号被災者慰霊の特大塔婆《とうば》を奉供《ほうぐ》し、修復完成した護摩壇の開壇をかねた護摩焚き法要が七十年ぶりに、副住職和道師の行者作法のもと、多くの参詣者が見守る中、厳粛に奉修《ほうしゅう》された。

護摩の炎が上がると同時に、護摩壇の周囲に陣取った参詣者は、合掌しながら約一時間の間、熱心に般若心経、不動真言を唱え続けた。

護摩法要が終われば、参詣者は護摩釜の周囲に寄り添い、護摩の法煙《ほうえん》（いわゆる護摩の灰）を身に浴びて、さらなる息災厄除け、身体健康などを祈願するのだ。

護摩法要

そのあと、庫裡《くり》では大根炊きのお接待があり、本堂での長座を労い、「おいしいね」と言いながら、熱々の大根を頬張っていた。

この修復に際しては、各方面から浄財《じょうざい》、布施をご喜捨いただいた。この尊い浄財があればこそ、七十年ぶりの護摩法要を厳修《ごんしゅ》することができたのだ。

ありがたいの一言に尽きる。

*

ちなみに、最近、スポーツに関連したテレビ番組で阪神タイガースの新井貴浩選手が毎年、シーズン前に法衣を着て護摩祈祷をしていると、その様子が報じられていた。

法衣は飛び火で穴が開き、顔にはやけどの跡がいくつも残るそうだが、厳しい護摩法要の中で、心を集中し、迷いをなくし、シーズンを通してがんばれる精神力を養うのだそうだ。

この護摩焚き法要は護摩祈祷とも呼ばれ、弘法大師《こうぼうだいし》が日本に伝えたものである。

護摩の火は魔を降伏《こうぶく》し、悪意のある人の心をきよめ、戒め、また悩める人の心の迷いを取り除くとされている。

このたびの修復護摩開壇の落慶法要は、慰霊と祈り、感謝と喜捨が重なり合い、自他ともに救わんとする熱い行《ぎょう》でもあった。

■「僕のおばあちゃん」

学生のころ、中村久子さんの『こころの手足』（春秋社）を読んだ。

中村久子さんは幼いころの凍傷が原因で脱疽《だっそ》（体組織が壊死《えし》の状態から菌の感染などでさらに悪化したもの）となり、両手両足を切断することになる。

そして、母の深い愛情に育てられ、残った短い手で編み物もできるまでになった。

しかし、成人したころ、実母の再婚相手の継父によって、興行師に身売りされてしまうのだ。

日々の生活は、両手両足のない姿を見世物として舞台にさらけ出し、母から教わった生きる手立ての裁縫や編み物などは、哀しいかな、皮肉にも見世物として役に立ったのである。

しかし彼女は、自分の体は仏からいただいたもので何一つ恨んでいない、と語り、むしろ手足のない不自由な体であるからこそ強く生きることができたと述懐されている。

『こころの手足』の中に次のような詩がある。

さわやかな

秋の朝

「タオル取ってちょうだい」

「おーい」と答える
良人《おっと》がある

「ハーイ」という
娘がおる

歯をみがく
義歯《いれば》の取り外し
かおを洗う
短いけれど
指のない
まるい

つよい手が
何でもしてくれる
断端《だんたん》に骨のない
やわらかい腕もある
何でもしてくれる
短い手もある

ある　ある　ある

みんなある
さわやかな
秋の朝

何もなくても、幸せを感じることができるのだ。
しかし何もないと思っているのは私の方であり、中村久子さんにはいっぱいあるのだ。
「無《む》一物《いちもつ》中無《む》尽蔵《じんぞう》」とはこのことなのだ。
この本を泣きながら読んだころ、そう思った。

＊

私の祖母も両手は中村久子さんのようだった。手首の十センチくらい下から骨のないやわらかい腕だった。

私が生を受け、物心が付いたころから祖母は手がなかったので、まったく違和感もなく、その姿を受け入れていた。

中学に上がったころ、父から祖母の手がなくなった理由を聞かせてもらった。

自坊・不動寺は五十メートルほどの急坂を上がったところにある。寺の敷地内の北側に大岩盤が地表に現れ、その岩盤を基礎石に利用して本堂は建てられている。

熱を出した父を、祖母が背負って紀ノ川沿いの診療所へ行くとき、寺の近くの坂道で父を背負ったまま倒れたそうである。

その当時はもちろん舗装されているわけもなく、牛にくびきをつけた荷車がその地道の坂道を行き来していた。

そんな急な坂道で、子どもを背負ったまま倒れ、そのときに両手をついた傷口からばい菌が入ったらしい。

祖母は自分は大丈夫とばかり、ろくに医者に診てもらうこともなく、子どもである父のことを気づかい、診療所をあとにしたのである。

その後、医者に診せたといっても、まともな抗生物質も薬剤も充分ではない時代のこと、やがて祖母の両手は腫れ上がってきた。

そしてついには両手とも脱疽となり、全身に菌が広がる前に手首から十センチくらいのところから両方切断しなければならなくなったのだという。


しかし、私の知っている祖母は、いつも着物を着て、長火鉢に座り、キセルできざみの煙草をふかしていた。切断された骨のないやわらかな手で、キセルにうまくきざみの煙草をつめるのである。もちろんマッチも上手に使った。

また、長火鉢の端には針山もついていて、自分の着物の繕いは全部自分でこなしていた。

食事のとき、小皿に盛ったおかずを左手のひじを曲げたところにうまくのせ、右ひじに箸をはさんで美味しそうに食べた。とくにすごいと思ったのが、不安定なお粥さんの入ったお茶碗を左ひじにのせ、梅干しの種を出して上手に食べていたことで、それを今も覚えている。

祖母は両手を失って以来、すべてがあたりまえのようにできるようになるまで、どれだけの時間がかかったことだろうか。

そして、どれほど悩んだだろうか。

どれほどの試練を乗り越えたのだろうか。

たぶん、その苦しみは祖母にしかわからないと思う。

＊

私がいやいや高野山にのぼり（いやいやだったことは『田舎坊主のぶつぶつ

説法』に詳しく書いた）、小坊主として師僧《しそう》の寺から高野山高校に通った。

一年生のとき、担任の先生に勧められ、校内弁論大会に出た。

そのときのテーマは「僕のおばあちゃん」だった。


十五歳で家を出て高野山にのぼり、いつも家族みんなのことばかり考えていた。なかでも四年前に亡くなった両手のない祖母のことを改めて思った。

私には見慣れた姿で、どんなしぐさも普通であっても、世間的にはそうではなかったはずだ。

今ひとりになって考えてみると、祖母は、

「不自由であっても努力すればできるようになる。何もなくなっても決して不幸ではない。恵まれない中でこそ努力するのだ」

と教えてくれていたように思う。

そのとき、優秀賞をいただけたのは、強い生き方をした、祖母というお手本が身近にいたからだろう。

この祖母も、自分は何も持たず逝ったのは、八十一歳だった。持つ手もなかったが……。

ほんとうに私には多くのものを残してくれた祖母だった。

■命の布施

私たちは食事の前に「いただきます」、食後は「ご馳走さまです」と言う。

ある中学校の講演で「いただきますは誰に言いますか?」という話をした。

＊

子どもたちに「きのう何を食べましたか?」と聞くと、「おでん」と答えてくれた。

「おでんの中の何を食べましたか?」

と聞くと、

「たまご、ダイコン、牛すじ」

と答えてくれた。


私たちは誰かのために働いたり、誰かの役に立つ作業をすれば報酬がいただける。会社に行って働けば、お給料がいただける。

でも、たまごやダイコンや牛すじを食べると、あなたの栄養となり、エネルギーとなり、命になるのに、鶏や牛やダイコンに報酬は渡らない。

お父さんが働いたお給料で、お母さんが鶏や牛やダイコンなどのお買い物をしてお金を支払っても、それはお店や卸業者や生産者に手渡されて、鶏や牛やダイコンには渡らない。

それどころか、牛は解体処理場に行くとき、涙を流すといい、鶏は狭いケージの中を精一杯羽ばたいて抵抗しても、出ようとはしないという。

すでに彼らは、本能的に殺されることを悟っているのだろう。

また、ダイコンは花を咲かせ種を蓄えるまで、大地に精一杯根を張って、なかなか抜かれまいとふんばる。


これらの命をいただくのだから、自然に「いただきます」と出てくるのだ。

そして、食べ終われば、「いただいた命で馳せ走ることができます」という意味の「ご馳走さま」と言って、感謝の言葉で締めくくるのだ。

＊

以前は「たべる」を「喰」とも書いた。

この字は人がひざまずいて食べ物を口に運んでいる様子からできた象形文字

だそうだ。

人が食べ物を口にすることによって、「人」の下に「口」がとり込まれ、この文字が変化して「命」という文字ができている。

仏教では、鶏や牛やダイコンのようにその命を提供し、人はそれを食し、その命をつないでいる行為を、インドの古い言葉、梵語《ぼんご》で「ダーナ（布施）」という。

「ダーナ」は日本では「檀那《だんな》」となり、寺に布施する人を意味し、布施する家は「檀家」ということになる。

さらに「ダーナ」は英語圏では「ドナー」と変化する。

今では医療用語の「ドナー（提供者）」として普及しているが、本来はなんの報酬も求めず、他を生かすことが語源なのだ。

私たちは日々、無数の食べ物の「ダーナ（布施）」という行為で自分の命を生かさせてもらっている。

だから、「いただきます」は毎日の食卓にのぼる食べ物に対して言っているのであって、お父さんやお母さんに言うのではないのだ。

＊

私の娘が胆道閉鎖症という難病で死んだ四年後、平成元年に、世界で四例目、日本で初めての生体肝移植がおこなわれた。ドナーは父親で、レシピエント（被提供患者）として手術を受けた子どもの病気は同じ胆道閉鎖症だった。

日本で脳死移植が認められるまでの緊急避難的に実施された手術であったが、各方面から「あなたはやらないのか？」という同病患者家族へのプレッシャーが社会に生まれるなど、問題があるとの声が上がったのを覚えている。

しかし、そのときの執刀医は、

「このような状況の中で、肝硬変で余命いくばくもないわが子を前にして、自分の肝臓を切ってでも助けたいという父親の心中を聞いたとき、主治医としてはこれしか方法はないと確信した」

と、日本初の手術に対する決意を述べていた。

結局、その子は術後二百八十日間生きぬき、翌年八月二十四日のお地蔵さまのご縁日に亡くなった。

葬儀に参列した執刀医は、

「助けてあげられなくて、ごめんね。先生はこれからももっと勉強して、Yちゃんから教えてもらったたくさんのことを生かして、病気の子どもたちを一人でも多く救いたいと思います。あなたの死を絶対無駄にはしません」

と、涙ながらに弔辞を述べられた。

今、生体肝移植は一般保険治療対象の手術となっている。手術例も五千例を超えるという。

このドナーとなった尊い父親の行為と、亡くなっていったレシピエントであるYちゃんがのこしたものは、たくさんの命の贈り物となって、今、多くの患者を救っているのだ。

この原稿を書いているとき、テレビのニュース番組が、

「きょう、日本で初めての六歳未満の子どもが脳死判定されました」

と伝えていた。この子のご家族は、

「息子が誰かの身体の一部となって、長く生きてくれるのではないか、と。そして、このようなことを成し遂げる息子を誇りに思っています」

というようなコメントを発表された。

この子の「命の布施」は、腎臓は六十歳代の腎不全の患者さんに、心臓は移植でしか助からない拡張型心筋症の子どもさんに、肝臓は末期の肝硬変の子どもさんに移植された。

それはまちがいなく、何人かの重篤な患者さんやそのご家族に、生きる大きな「希望」と、計り知れない「感謝」を届けることになるだろう。

■「いまを生きる」

私が町役場で社会同和教育指導員という役目をいただいていた一九九四年十一月のことである。

人権週間に合わせて人権教育講演会を開催することになった。担当者はそれぞれ意見を出して、講演者の選定に当たった。

とりわけ、人権の話となれば聴衆者も少なく、ときには難解な講義形式で話される先生もあることから、町民から敬遠されることが多かった。

私は予算の関係もあるが、人権というテーマであっても、楽しく話してくれる人はいないかと考え、最終的にタレントのレオナルド熊さんに決めたのである。

レオナルド熊さんといえば、一九八〇年ごろ、今は名脇役として活躍する渋い俳優の石倉三郎氏とお笑いコンビを組んで大活躍し、ニッカポッカのズボンに腹巻き、チョビ髭をつけた格好でおおいに笑わせてくれた。

レオナルド熊さんに、

「講演のタイトルを何にしましょうか？」

と聞いたところ、

「『いまを生きる』にして下さい」

と言われた。

失礼だと思ったが、もう一度聞き直した。テレビに出てくる熊さんと「いまを生きる」がピンとこなかったのだ。でもやはり、

「『いまを生きる』でお願いします」

と、念を押すように言われた。

このタイトルに決めたことについて、講演会の当日、控え室で次のようなことを聞かせていただいた。

「先月のことなんだけど、医者に行ったら、末期の膀胱がんだって言われたのよ。いつまでの命かは医者も言わなかったけどさ、あんまり長くないいんだよ、っていうかそう思ってるの。ちょうど、そんなとき、和歌山に来る前に友だちが『がん祝いの会』ってのを開いてくれてさ、励ましてもらったっていうか、みんなに笑わせてもらってきたのよ。この講演会の話があったとき、タイトルを何にするか聞かれて、俺にゃあ似あわねえけど、『いまを生きる』しかないと思ったんだ」

私はもちろん、そんなことは知るよしもなかったから、その話に驚かされるとともに、末期がんの体で和歌山に来てくれたことも「いまを生きる」に含まれている想いに初めて気がついた。

＊

講演会には多くの町民が来てくれた。
講演では熊さんは元気いっぱい話してくれた。
テレビで売れるようになる少し前まで結核で入院していて、ほんとうは病弱なこと。
いつのまにか、笑いが止まらないほどテレビの出演が多くなってきたこと。
社会を風刺して笑いを作ってきたこと。
売れてくるとコマーシャルの出演要請が来て、その中でも社会をおちょくるセリフが大うけとなって、当時、そのセリフがはやり言葉となったこと。
そうなれば、さらに仕事がどんどん増えてきたこと。
ギャラはどんどん上がり、お金がばっさばっさ入ってきたこと。
収入は銀行に貯金しないでタンス預金だったこと。
タンスがいっぱいになって入らなくなったので、押し入れ預金になったこと。
その押し入れもいっぱいになって、タンスの戸を開けたらお金があふれ出てきたこと。
お金が邪魔になって面倒くさくなってきたこと。

人権講演会場はおおきな笑いに包まれた。

でも、最後に熊さんは、

「もともと体が弱かったから、ほんとうに一生懸命がんばりましたよ。いつ死ぬかもわからなかったからね。そのときそのとき、手をぬかず、やってきたからよかったんだね。今しかないと思って生きること。それしかないね。ありがとう」

そう言って壇上を下りた。

もちろん自分が末期がんであることは話さなかった。

私は熊さんの笑顔に一抹の寂しさのようなものが隠されていることに気がついていた。

＊

それから十日ほど経った日、テレビでレオナルド熊さん急死のニュースが流れていた。

そのときの驚きとともに、講演会のタイトルを「いまを生きる」としたレオナルド熊さんの熱い思いと、あらためてそのテーマの重みを考えさせられた。

おわりに

人は必ず、あっちへ行く。
あっちとは、誰ひとり帰ってきて、現地報告した例のないところだ。
そして多くの人は、自分はまだあっちへは行かないと思っている。
どちらかというと、あのお年寄りが先で、自分はまだ。
あの病院通いばかりしている人が先で、自分はまだ。
そう思っている。

「浜までは　海女も蓑着る　時雨かな」という句がある。
この句は二つの意味を含んでいる。

ひとつは、

「海水の中で水に濡れなければ仕事にならない海女でさえ、時雨に濡れて体調を崩すことのないように蓑を着る。死を説き、死を厭わない僧でも、ほんとうの悟りを得て、仏さまのところに行くまでは、体調に配慮して薬も飲むんだよ」

もうひとつは、

「海女さんは海にもぐって貝などを採ってそれを生業にしている。例外なく、海にもぐれば、その体を濡らすことはわかっていても、その海に入るところまでの浜で時雨が降ってくれば、それには濡れないように蓑を着るものだ。人も例外なく死がやってくることはみんな知っているが、いよいよそのときが来るまで自分の死を考えないものだ」

このふたつの意味はどちらかというと対照的だが、後者の意味の方が深いような気がする。

＊

お釈迦さまは「匙の　汁に浸って　その味を知らず」と説いた。

香り高いコーヒーにシュガーやミルクを入れ、スプーンでひと混ぜしても、そのスプーンはコーヒーの味も香りもわからないように、私たちは生きてる間に自分の周囲で、突然の事故や災害、病気などで亡くなる人を常に目や耳にして知っているのに、そのスプーンのようにいつまでも自分のこととして考えられないものだ。

あっちへ行くのは「あすかも知れない」と思い生きることで、どれだけ一日一日を大切に生きることができるだろうか。

今、険悪中の友人と仲直りしとかないと……
借りた義理は心を込めて返しておかないと……
あやまる機会を逸している人は早めにあやまっとかないと……
何かの役に立ちたいと思っているならすぐ実行しないと……
今、あなたが必要とされているなら、そのために尽くさないと……

著者プロフィール

森田 良恒（もりた よしつね）

昭和26年、和歌山県紀の川市に生まれる。高野山大学卒業。

紀の川市の公民館主事・館長、同和教育指導員、社会教育指導員、民生委員・主任児童委員、智辨学園和歌山高校講師歴任。

平成元年、和歌山県難病団体連絡協議会設立、平成19年まで会長歴任。

平成18年、紀の川市難病患者家族会「きほく」設立。

現在、高野山真言宗不動寺住職、和歌山県難病団体連絡協議会顧問、「きほく」事務局長、保護司。

旧那賀町出身で世界初の全身麻酔に成功した華岡青洲を讃える「青洲音頭」を作詞作曲、那賀町（現・紀の川市）からCD化される。

著書に『田舎坊主のぶつぶつ説法』（2002年）『田舎坊主の愛別離苦』（2009年、ともに文芸社刊）がある。

田舎坊主の求不得苦

2013年2月15日　初版第1刷発行

著　者　森田 良恒
発行者　瓜谷 綱延
発行所　株式会社文芸社
〒160-0022　東京都新宿区新宿1－10－1
電話　03-5369-3060（編集）
03-5369-2299（販売）

印刷所　株式会社フクイン

ISBN978-4-286-13258-7